This notebook belongs to :

_____
_____
_____

Top Priorities

Date: _____

Mo Tu We Th Fr Sa Su
○   ○   ○   ○   ○   ○   ○

○ _____
○ _____
○ _____

Things To Do

○ _____
○ _____
○ _____
○ _____
○ _____
○ _____
○ _____
○ _____
○ _____
○ _____
○ _____
○ _____
○ _____
○ _____
○ _____
○ _____
○ _____
○ _____
○ _____

Top Priorities

Date: ―――――――――

Mo Tu We Th Fr Sa Su
○   ○   ○   ○   ○   ○   ○

- ○ _____
- ○ _____
- ○ _____

Things To Do

- ○ _____
- ○ _____
- ○ _____
- ○ _____
- ○ _____
- ○ _____
- ○ _____
- ○ _____
- ○ _____
- ○ _____
- ○ _____
- ○ _____
- ○ _____
- ○ _____
- ○ _____
- ○ _____
- ○ _____
- ○ _____
- ○ _____
- ○ _____

Date: _____

Mo Tu We Th Fr Sa Su
○   ○   ○   ○   ○   ○   ○

Top Priorities

○ _____
○ _____
○ _____

Things To Do

○ _____
○ _____
○ _____
○ _____
○ _____
○ _____
○ _____
○ _____
○ _____
○ _____
○ _____
○ _____
○ _____
○ _____
○ _____
○ _____
○ _____
○ _____

Date: _____

Mo Tu We Th Fr Sa Su
○   ○   ○   ○   ○   ○   ○

Top Priorities

- ○ _____
- ○ _____
- ○ _____

Things To Do

- ○ _____
- ○ _____
- ○ _____
- ○ _____
- ○ _____
- ○ _____
- ○ _____
- ○ _____
- ○ _____
- ○ _____
- ○ _____
- ○ _____
- ○ _____
- ○ _____
- ○ _____
- ○ _____
- ○ _____
- ○ _____
- ○ _____

Date: ―――――――――――

Mo Tu We Th Fr Sa Su
○   ○   ○   ○   ○   ○   ○

Top Priorities

○ ―――――――――――――――――――――――
○ ―――――――――――――――――――――――
○ ―――――――――――――――――――――――

Things To Do

○ ―――――――――――――――――――――――
○ ―――――――――――――――――――――――
○ ―――――――――――――――――――――――
○ ―――――――――――――――――――――――
○ ―――――――――――――――――――――――
○ ―――――――――――――――――――――――
○ ―――――――――――――――――――――――
○ ―――――――――――――――――――――――
○ ―――――――――――――――――――――――
○ ―――――――――――――――――――――――
○ ―――――――――――――――――――――――
○ ―――――――――――――――――――――――
○ ―――――――――――――――――――――――
○ ―――――――――――――――――――――――
○ ―――――――――――――――――――――――
○ ―――――――――――――――――――――――
○ ―――――――――――――――――――――――
○ ―――――――――――――――――――――――

Date: _____

Mo Tu We Th Fr Sa Su
◯   ◯   ◯   ◯   ◯   ◯   ◯

Top Priorities

◯ _____
◯ _____
◯ _____

Things To Do

◯ _____
◯ _____
◯ _____
◯ _____
◯ _____
◯ _____
◯ _____
◯ _____
◯ _____
◯ _____
◯ _____
◯ _____
◯ _____
◯ _____
◯ _____
◯ _____
◯ _____
◯ _____
◯ _____

Date: _____

Mo Tu We Th Fr Sa Su
○   ○   ○   ○   ○   ○   ○

Top Priorities

○ _____
○ _____
○ _____

Things To Do

○ _____
○ _____
○ _____
○ _____
○ _____
○ _____
○ _____
○ _____
○ _____
○ _____
○ _____
○ _____
○ _____
○ _____
○ _____
○ _____
○ _____
○ _____
○ _____
○ _____

Date: _____

Mo Tu We Th Fr Sa Su
○   ○   ○   ○   ○   ○   ○

Top Priorities

○ _____
○ _____
○ _____

Things To Do

○ _____
○ _____
○ _____
○ _____
○ _____
○ _____
○ _____
○ _____
○ _____
○ _____
○ _____
○ _____
○ _____
○ _____
○ _____
○ _____
○ _____
○ _____
○ _____

Date: _____

Mo Tu We Th Fr Sa Su
○   ○   ○   ○   ○   ○   ○

Top Priorities

○ _____
○ _____
○ _____

Things To Do

○ _____
○ _____
○ _____
○ _____
○ _____
○ _____
○ _____
○ _____
○ _____
○ _____
○ _____
○ _____
○ _____
○ _____
○ _____
○ _____
○ _____
○ _____
○ _____

Date: _____

Mo Tu We Th Fr Sa Su
○   ○   ○   ○   ○   ○   ○

Top Priorities

- ○ _____
- ○ _____
- ○ _____

Things To Do

- ○ _____
- ○ _____
- ○ _____
- ○ _____
- ○ _____
- ○ _____
- ○ _____
- ○ _____
- ○ _____
- ○ _____
- ○ _____
- ○ _____
- ○ _____
- ○ _____
- ○ _____
- ○ _____
- ○ _____
- ○ _____
- ○ _____

Date : _____

Mo Tu We Th Fr Sa Su
○   ○   ○   ○   ○   ○   ○

Top Priorities

○ _____
○ _____
○ _____

Things To Do

○ _____
○ _____
○ _____
○ _____
○ _____
○ _____
○ _____
○ _____
○ _____
○ _____
○ _____
○ _____
○ _____
○ _____
○ _____
○ _____
○ _____
○ _____
○ _____

Date: _____

Mo Tu We Th Fr Sa Su
○   ○   ○   ○   ○   ○   ○

Top Priorities

- ○ _____
- ○ _____
- ○ _____

Things To Do

- ○ _____
- ○ _____
- ○ _____
- ○ _____
- ○ _____
- ○ _____
- ○ _____
- ○ _____
- ○ _____
- ○ _____
- ○ _____
- ○ _____
- ○ _____
- ○ _____
- ○ _____
- ○ _____
- ○ _____
- ○ _____
- ○ _____
- ○ _____

Date: _____

Mo Tu We Th Fr Sa Su
○   ○   ○   ○   ○   ○   ○

Top Priorities

○ _____
○ _____
○ _____

Things To Do

○ _____
○ _____
○ _____
○ _____
○ _____
○ _____
○ _____
○ _____
○ _____
○ _____
○ _____
○ _____
○ _____
○ _____
○ _____
○ _____
○ _____
○ _____

Date: _____

Mo Tu We Th Fr Sa Su
○   ○   ○   ○   ○   ○   ○

Top Priorities

- ○ _____
- ○ _____
- ○ _____

Things To Do

- ○ _____
- ○ _____
- ○ _____
- ○ _____
- ○ _____
- ○ _____
- ○ _____
- ○ _____
- ○ _____
- ○ _____
- ○ _____
- ○ _____
- ○ _____
- ○ _____
- ○ _____
- ○ _____
- ○ _____
- ○ _____
- ○ _____
- ○ _____

Date: _____

Mo Tu We Th Fr Sa Su
○   ○   ○   ○   ○   ○   ○

Top Priorities

- ○ _____
- ○ _____
- ○ _____

Things To Do

- ○ _____
- ○ _____
- ○ _____
- ○ _____
- ○ _____
- ○ _____
- ○ _____
- ○ _____
- ○ _____
- ○ _____
- ○ _____
- ○ _____
- ○ _____
- ○ _____
- ○ _____
- ○ _____
- ○ _____
- ○ _____
- ○ _____

Date : ───────

| Mo | Tu | We | Th | Fr | Sa | Su |
| ○ | ○ | ○ | ○ | ○ | ○ | ○ |

Top Priorities

- ○ _____
- ○ _____
- ○ _____

Things To Do

- ○ _____
- ○ _____
- ○ _____
- ○ _____
- ○ _____
- ○ _____
- ○ _____
- ○ _____
- ○ _____
- ○ _____
- ○ _____
- ○ _____
- ○ _____
- ○ _____
- ○ _____
- ○ _____
- ○ _____
- ○ _____
- ○ _____

Date : _____

Mo	Tu	We	Th	Fr	Sa	Su
○	○	○	○	○	○	○

Top Priorities

○ _____
○ _____
○ _____

Things To Do

○ _____
○ _____
○ _____
○ _____
○ _____
○ _____
○ _____
○ _____
○ _____
○ _____
○ _____
○ _____
○ _____
○ _____
○ _____
○ _____
○ _____
○ _____

Date: _____

Mo Tu We Th Fr Sa Su
○   ○   ○   ○   ○   ○   ○

Top Priorities

- ○ _____
- ○ _____
- ○ _____

Things To Do

- ○ _____
- ○ _____
- ○ _____
- ○ _____
- ○ _____
- ○ _____
- ○ _____
- ○ _____
- ○ _____
- ○ _____
- ○ _____
- ○ _____
- ○ _____
- ○ _____
- ○ _____
- ○ _____
- ○ _____
- ○ _____
- ○ _____
- ○ _____

Date: _____

Mo Tu We Th Fr Sa Su
○   ○   ○   ○   ○   ○   ○

Top Priorities

○ _____
○ _____
○ _____

Things To Do

○ _____
○ _____
○ _____
○ _____
○ _____
○ _____
○ _____
○ _____
○ _____
○ _____
○ _____
○ _____
○ _____
○ _____
○ _____
○ _____
○ _____
○ _____

Date: _____

Mo Tu We Th Fr Sa Su
○   ○   ○   ○   ○   ○   ○

Top Priorities

○ _____
○ _____
○ _____

Things To Do

○ _____
○ _____
○ _____
○ _____
○ _____
○ _____
○ _____
○ _____
○ _____
○ _____
○ _____
○ _____
○ _____
○ _____
○ _____
○ _____
○ _____
○ _____
○ _____
○ _____

Top Priorities

Date: _____

Mo Tu We Th Fr Sa Su
○   ○   ○   ○   ○   ○   ○

○ _____
○ _____
○ _____

Things To Do

○ _____
○ _____
○ _____
○ _____
○ _____
○ _____
○ _____
○ _____
○ _____
○ _____
○ _____
○ _____
○ _____
○ _____
○ _____
○ _____
○ _____
○ _____
○ _____

Date: _____

Mo Tu We Th Fr Sa Su
○   ○   ○   ○   ○   ○   ○

Top Priorities

○ _____
○ _____
○ _____

Things To Do

○ _____
○ _____
○ _____
○ _____
○ _____
○ _____
○ _____
○ _____
○ _____
○ _____
○ _____
○ _____
○ _____
○ _____
○ _____
○ _____
○ _____
○ _____
○ _____

Date : _____

| Mo | Tu | We | Th | Fr | Sa | Su |
| ○ | ○ | ○ | ○ | ○ | ○ | ○ |

Top Priorities

○ _____
○ _____
○ _____

Things To Do

○ _____
○ _____
○ _____
○ _____
○ _____
○ _____
○ _____
○ _____
○ _____
○ _____
○ _____
○ _____
○ _____
○ _____
○ _____
○ _____
○ _____

Date: _____

Mo　Tu　We　Th　Fr　Sa　Su
○　　○　　○　　○　　○　　○　　○

Top Priorities

○ _____
○ _____
○ _____

Things To Do

○ _____
○ _____
○ _____
○ _____
○ _____
○ _____
○ _____
○ _____
○ _____
○ _____
○ _____
○ _____
○ _____
○ _____
○ _____
○ _____
○ _____
○ _____
○ _____

Date: _____

Mo Tu We Th Fr Sa Su
○   ○   ○   ○   ○   ○   ○

Top Priorities

○ _____
○ _____
○ _____

Things To Do

○ _____
○ _____
○ _____
○ _____
○ _____
○ _____
○ _____
○ _____
○ _____
○ _____
○ _____
○ _____
○ _____
○ _____
○ _____
○ _____
○ _____
○ _____

Date: _____

Mo Tu We Th Fr Sa Su
○   ○   ○   ○   ○   ○   ○

Top Priorities

- ○ _____
- ○ _____
- ○ _____

Things To Do

- ○ _____
- ○ _____
- ○ _____
- ○ _____
- ○ _____
- ○ _____
- ○ _____
- ○ _____
- ○ _____
- ○ _____
- ○ _____
- ○ _____
- ○ _____
- ○ _____
- ○ _____
- ○ _____
- ○ _____
- ○ _____
- ○ _____
- ○ _____

Date: _____

Mo Tu We Th Fr Sa Su
○   ○   ○   ○   ○   ○   ○

Top Priorities

○ _____
○ _____
○ _____

Things To Do

○ _____
○ _____
○ _____
○ _____
○ _____
○ _____
○ _____
○ _____
○ _____
○ _____
○ _____
○ _____
○ _____
○ _____
○ _____
○ _____
○ _____
○ _____

Top Priorities

Date: _____

Mo Tu We Th Fr Sa Su
○   ○   ○   ○   ○   ○   ○

- ○ _____
- ○ _____
- ○ _____

Things To Do

- ○ _____
- ○ _____
- ○ _____
- ○ _____
- ○ _____
- ○ _____
- ○ _____
- ○ _____
- ○ _____
- ○ _____
- ○ _____
- ○ _____
- ○ _____
- ○ _____
- ○ _____
- ○ _____
- ○ _____
- ○ _____
- ○ _____

Date: _____

Mo Tu We Th Fr Sa Su
○   ○   ○   ○   ○   ○   ○

Top Priorities

- ○ _____
- ○ _____
- ○ _____

Things To Do

- ○ _____
- ○ _____
- ○ _____
- ○ _____
- ○ _____
- ○ _____
- ○ _____
- ○ _____
- ○ _____
- ○ _____
- ○ _____
- ○ _____
- ○ _____
- ○ _____
- ○ _____
- ○ _____
- ○ _____
- ○ _____

Top Priorities

Date: _____

Mo Tu We Th Fr Sa Su
○   ○   ○   ○   ○   ○   ○

○ _____
○ _____
○ _____

Things To Do

○ _____
○ _____
○ _____
○ _____
○ _____
○ _____
○ _____
○ _____
○ _____
○ _____
○ _____
○ _____
○ _____
○ _____
○ _____
○ _____
○ _____
○ _____
○ _____
○ _____

Date: _____

Mo Tu We Th Fr Sa Su
○   ○   ○   ○   ○   ○   ○

Top Priorities

○ _____
○ _____
○ _____

Things To Do

○ _____
○ _____
○ _____
○ _____
○ _____
○ _____
○ _____
○ _____
○ _____
○ _____
○ _____
○ _____
○ _____
○ _____
○ _____
○ _____
○ _____
○ _____

Date: _____

Mo Tu We Th Fr Sa Su
○   ○   ○   ○   ○   ○   ○

Top Priorities

- ○ _____
- ○ _____
- ○ _____

Things To Do

- ○ _____
- ○ _____
- ○ _____
- ○ _____
- ○ _____
- ○ _____
- ○ _____
- ○ _____
- ○ _____
- ○ _____
- ○ _____
- ○ _____
- ○ _____
- ○ _____
- ○ _____
- ○ _____
- ○ _____
- ○ _____
- ○ _____
- ○ _____
- ○ _____

Date: _____

Mo Tu We Th Fr Sa Su
◯   ◯   ◯   ◯   ◯   ◯   ◯

Top Priorities

◯ _____
◯ _____
◯ _____

Things To Do

◯ _____
◯ _____
◯ _____
◯ _____
◯ _____
◯ _____
◯ _____
◯ _____
◯ _____
◯ _____
◯ _____
◯ _____
◯ _____
◯ _____
◯ _____
◯ _____
◯ _____
◯ _____
◯ _____

Date: ───────

Mo Tu We Th Fr Sa Su
○   ○   ○   ○   ○   ○   ○

Top Priorities

- ○ _____
- ○ _____
- ○ _____

Things To Do

- ○ _____
- ○ _____
- ○ _____
- ○ _____
- ○ _____
- ○ _____
- ○ _____
- ○ _____
- ○ _____
- ○ _____
- ○ _____
- ○ _____
- ○ _____
- ○ _____
- ○ _____
- ○ _____
- ○ _____
- ○ _____
- ○ _____
- ○ _____

Date: _____

Mo Tu We Th Fr Sa Su
○   ○   ○   ○   ○   ○   ○

Top Priorities

○ _____
○ _____
○ _____

Things To Do

○ _____
○ _____
○ _____
○ _____
○ _____
○ _____
○ _____
○ _____
○ _____
○ _____
○ _____
○ _____
○ _____
○ _____
○ _____
○ _____
○ _____
○ _____

Date: _____

Mo Tu We Th Fr Sa Su
○ ○ ○ ○ ○ ○ ○

Top Priorities

○ _____
○ _____
○ _____

Things To Do

○ _____
○ _____
○ _____
○ _____
○ _____
○ _____
○ _____
○ _____
○ _____
○ _____
○ _____
○ _____
○ _____
○ _____
○ _____
○ _____
○ _____
○ _____
○ _____
○ _____

Date: _____

Mo   Tu   We   Th   Fr   Sa   Su
○   ○   ○   ○   ○   ○   ○

Top Priorities

○ _____
○ _____
○ _____

Things To Do

○ _____
○ _____
○ _____
○ _____
○ _____
○ _____
○ _____
○ _____
○ _____
○ _____
○ _____
○ _____
○ _____
○ _____
○ _____
○ _____
○ _____
○ _____
○ _____

Date: ―――――――――――

Mo Tu We Th Fr Sa Su
○   ○   ○   ○   ○   ○   ○

Top Priorities

○ ――――――――――――――――――――
○ ――――――――――――――――――――
○ ――――――――――――――――――――

Things To Do

○ ――――――――――――――――――――
○ ――――――――――――――――――――
○ ――――――――――――――――――――
○ ――――――――――――――――――――
○ ――――――――――――――――――――
○ ――――――――――――――――――――
○ ――――――――――――――――――――
○ ――――――――――――――――――――
○ ――――――――――――――――――――
○ ――――――――――――――――――――
○ ――――――――――――――――――――
○ ――――――――――――――――――――
○ ――――――――――――――――――――
○ ――――――――――――――――――――
○ ――――――――――――――――――――
○ ――――――――――――――――――――
○ ――――――――――――――――――――
○ ――――――――――――――――――――
○ ――――――――――――――――――――
○ ――――――――――――――――――――

Top Priorities

Date: _____

Mo Tu We Th Fr Sa Su
○   ○   ○   ○   ○   ○   ○

○ _____
○ _____
○ _____

Things To Do

○ _____
○ _____
○ _____
○ _____
○ _____
○ _____
○ _____
○ _____
○ _____
○ _____
○ _____
○ _____
○ _____
○ _____
○ _____
○ _____
○ _____
○ _____
○ _____
○ _____

Date: _____

Mo Tu We Th Fr Sa Su
○   ○   ○   ○   ○   ○   ○

Top Priorities

- ○ _____
- ○ _____
- ○ _____

Things To Do

- ○ _____
- ○ _____
- ○ _____
- ○ _____
- ○ _____
- ○ _____
- ○ _____
- ○ _____
- ○ _____
- ○ _____
- ○ _____
- ○ _____
- ○ _____
- ○ _____
- ○ _____
- ○ _____
- ○ _____
- ○ _____
- ○ _____
- ○ _____

Date: _____

Mo Tu We Th Fr Sa Su
○   ○   ○   ○   ○   ○   ○

Top Priorities

○ _____
○ _____
○ _____

Things To Do

○ _____
○ _____
○ _____
○ _____
○ _____
○ _____
○ _____
○ _____
○ _____
○ _____
○ _____
○ _____
○ _____
○ _____
○ _____
○ _____
○ _____
○ _____

Top Priorities

Date: _____

Mo Tu We Th Fr Sa Su
○   ○   ○   ○   ○   ○   ○

- ○ _____
- ○ _____
- ○ _____

Things To Do

- ○ _____
- ○ _____
- ○ _____
- ○ _____
- ○ _____
- ○ _____
- ○ _____
- ○ _____
- ○ _____
- ○ _____
- ○ _____
- ○ _____
- ○ _____
- ○ _____
- ○ _____
- ○ _____
- ○ _____
- ○ _____
- ○ _____
- ○ _____

Date: _____

Mo Tu We Th Fr Sa Su
○   ○   ○   ○   ○   ○   ○

Top Priorities

○ _____
○ _____
○ _____

Things To Do

○ _____
○ _____
○ _____
○ _____
○ _____
○ _____
○ _____
○ _____
○ _____
○ _____
○ _____
○ _____
○ _____
○ _____
○ _____
○ _____
○ _____
○ _____

Date: _____

Mo Tu We Th Fr Sa Su
○   ○   ○   ○   ○   ○   ○

Top Priorities

- ○ _____
- ○ _____
- ○ _____

Things To Do

- ○ _____
- ○ _____
- ○ _____
- ○ _____
- ○ _____
- ○ _____
- ○ _____
- ○ _____
- ○ _____
- ○ _____
- ○ _____
- ○ _____
- ○ _____
- ○ _____
- ○ _____
- ○ _____
- ○ _____
- ○ _____
- ○ _____
- ○ _____

Date: _____

Mo Tu We Th Fr Sa Su
○   ○   ○   ○   ○   ○   ○

Top Priorities

- ○ _____
- ○ _____
- ○ _____

Things To Do

- ○ _____
- ○ _____
- ○ _____
- ○ _____
- ○ _____
- ○ _____
- ○ _____
- ○ _____
- ○ _____
- ○ _____
- ○ _____
- ○ _____
- ○ _____
- ○ _____
- ○ _____
- ○ _____
- ○ _____
- ○ _____
- ○ _____

Top Priorities

Date: _____

Mo Tu We Th Fr Sa Su
○   ○   ○   ○   ○   ○   ○

○ _____
○ _____
○ _____

Things To Do

○ _____
○ _____
○ _____
○ _____
○ _____
○ _____
○ _____
○ _____
○ _____
○ _____
○ _____
○ _____
○ _____
○ _____
○ _____
○ _____
○ _____
○ _____
○ _____
○ _____

Date : _____

Mo Tu We Th Fr Sa Su
○   ○   ○   ○   ○   ○   ○

Top Priorities

○ _____
○ _____
○ _____

Things To Do

○ _____
○ _____
○ _____
○ _____
○ _____
○ _____
○ _____
○ _____
○ _____
○ _____
○ _____
○ _____
○ _____
○ _____
○ _____
○ _____
○ _____
○ _____

Date: _____

Mo Tu We Th Fr Sa Su
○   ○   ○   ○   ○   ○   ○

Top Priorities

- ○ _____
- ○ _____
- ○ _____

Things To Do

- ○ _____
- ○ _____
- ○ _____
- ○ _____
- ○ _____
- ○ _____
- ○ _____
- ○ _____
- ○ _____
- ○ _____
- ○ _____
- ○ _____
- ○ _____
- ○ _____
- ○ _____
- ○ _____
- ○ _____
- ○ _____
- ○ _____

Date : _____

Mo Tu We Th Fr Sa Su
○   ○   ○   ○   ○   ○   ○

Top Priorities

○ _____
○ _____
○ _____

Things To Do

○ _____
○ _____
○ _____
○ _____
○ _____
○ _____
○ _____
○ _____
○ _____
○ _____
○ _____
○ _____
○ _____
○ _____
○ _____
○ _____
○ _____
○ _____
○ _____

Date: _____

Mo　Tu　We　Th　Fr　Sa　Su
◯　◯　◯　◯　◯　◯　◯

Top Priorities

◯ _____
◯ _____
◯ _____

Things To Do

◯ _____
◯ _____
◯ _____
◯ _____
◯ _____
◯ _____
◯ _____
◯ _____
◯ _____
◯ _____
◯ _____
◯ _____
◯ _____
◯ _____
◯ _____
◯ _____
◯ _____
◯ _____
◯ _____

Date: ───────────

Mo Tu We Th Fr Sa Su
○   ○   ○   ○   ○   ○   ○

Top Priorities

○ _____
○ _____
○ _____

Things To Do

○ _____
○ _____
○ _____
○ _____
○ _____
○ _____
○ _____
○ _____
○ _____
○ _____
○ _____
○ _____
○ _____
○ _____
○ _____
○ _____
○ _____
○ _____

Date: _____

Mo Tu We Th Fr Sa Su
○   ○   ○   ○   ○   ○   ○

Top Priorities

○ _____
○ _____
○ _____

Things To Do

○ _____
○ _____
○ _____
○ _____
○ _____
○ _____
○ _____
○ _____
○ _____
○ _____
○ _____
○ _____
○ _____
○ _____
○ _____
○ _____
○ _____
○ _____
○ _____

Date: _____

Mo Tu We Th Fr Sa Su
○   ○   ○   ○   ○   ○   ○

Top Priorities

○ _____
○ _____
○ _____

Things To Do

○ _____
○ _____
○ _____
○ _____
○ _____
○ _____
○ _____
○ _____
○ _____
○ _____
○ _____
○ _____
○ _____
○ _____
○ _____
○ _____
○ _____
○ _____

Date: _____

Mo Tu We Th Fr Sa Su
○   ○   ○   ○   ○   ○   ○

Top Priorities

○ _____
○ _____
○ _____

Things To Do

○ _____
○ _____
○ _____
○ _____
○ _____
○ _____
○ _____
○ _____
○ _____
○ _____
○ _____
○ _____
○ _____
○ _____
○ _____
○ _____
○ _____
○ _____
○ _____
○ _____

Date: _____

Mo Tu We Th Fr Sa Su
○   ○   ○   ○   ○   ○   ○

Top Priorities

- ○ _____
- ○ _____
- ○ _____

Things To Do

- ○ _____
- ○ _____
- ○ _____
- ○ _____
- ○ _____
- ○ _____
- ○ _____
- ○ _____
- ○ _____
- ○ _____
- ○ _____
- ○ _____
- ○ _____
- ○ _____
- ○ _____
- ○ _____
- ○ _____
- ○ _____
- ○ _____
- ○ _____

Date : _____

Mo Tu We Th Fr Sa Su
○   ○   ○   ○   ○   ○   ○

Top Priorities

○ _____
○ _____
○ _____

Things To Do

○ _____
○ _____
○ _____
○ _____
○ _____
○ _____
○ _____
○ _____
○ _____
○ _____
○ _____
○ _____
○ _____
○ _____
○ _____
○ _____
○ _____
○ _____
○ _____

Date: _____

Mo Tu We Th Fr Sa Su
○   ○   ○   ○   ○   ○   ○

Top Priorities

- ○ _____
- ○ _____
- ○ _____

Things To Do

- ○ _____
- ○ _____
- ○ _____
- ○ _____
- ○ _____
- ○ _____
- ○ _____
- ○ _____
- ○ _____
- ○ _____
- ○ _____
- ○ _____
- ○ _____
- ○ _____
- ○ _____
- ○ _____
- ○ _____
- ○ _____

Date: _____

Mo Tu We Th Fr Sa Su
○ ○ ○ ○ ○ ○ ○

Top Priorities

○ _____
○ _____
○ _____

Things To Do

○ _____
○ _____
○ _____
○ _____
○ _____
○ _____
○ _____
○ _____
○ _____
○ _____
○ _____
○ _____
○ _____
○ _____
○ _____
○ _____
○ _____
○ _____
○ _____
○ _____
○ _____

Date: _____

Mo Tu We Th Fr Sa Su
◯   ◯   ◯   ◯   ◯   ◯   ◯

Top Priorities

◯ _____
◯ _____
◯ _____

Things To Do

◯ _____
◯ _____
◯ _____
◯ _____
◯ _____
◯ _____
◯ _____
◯ _____
◯ _____
◯ _____
◯ _____
◯ _____
◯ _____
◯ _____
◯ _____
◯ _____
◯ _____
◯ _____

Date :

Mo	Tu	We	Th	Fr	Sa	Su
○	○	○	○	○	○	○

Top Priorities

- ○ _____
- ○ _____
- ○ _____

Things To Do

- ○ _____
- ○ _____
- ○ _____
- ○ _____
- ○ _____
- ○ _____
- ○ _____
- ○ _____
- ○ _____
- ○ _____
- ○ _____
- ○ _____
- ○ _____
- ○ _____
- ○ _____
- ○ _____
- ○ _____
- ○ _____
- ○ _____
- ○ _____

Date: _____

Mo　Tu　We　Th　Fr　Sa　Su
○　　○　　○　　○　　○　　○　　○

Top Priorities

○ _____
○ _____
○ _____

Things To Do

○ _____
○ _____
○ _____
○ _____
○ _____
○ _____
○ _____
○ _____
○ _____
○ _____
○ _____
○ _____
○ _____
○ _____
○ _____
○ _____
○ _____
○ _____

Date: _____

Mo Tu We Th Fr Sa Su
○   ○   ○   ○   ○   ○   ○

Top Priorities

○ _____
○ _____
○ _____

Things To Do

○ _____
○ _____
○ _____
○ _____
○ _____
○ _____
○ _____
○ _____
○ _____
○ _____
○ _____
○ _____
○ _____
○ _____
○ _____
○ _____
○ _____
○ _____
○ _____

Date: _____

Mo Tu We Th Fr Sa Su
○   ○   ○   ○   ○   ○   ○

Top Priorities

○ _____
○ _____
○ _____

Things To Do

○ _____
○ _____
○ _____
○ _____
○ _____
○ _____
○ _____
○ _____
○ _____
○ _____
○ _____
○ _____
○ _____
○ _____
○ _____
○ _____
○ _____
○ _____

Date: ───────

Mo Tu We Th Fr Sa Su
○   ○   ○   ○   ○   ○   ○

Top Priorities

○ ────────────────────────
○ ────────────────────────
○ ────────────────────────

Things To Do

○ ────────────────────────
○ ────────────────────────
○ ────────────────────────
○ ────────────────────────
○ ────────────────────────
○ ────────────────────────
○ ────────────────────────
○ ────────────────────────
○ ────────────────────────
○ ────────────────────────
○ ────────────────────────
○ ────────────────────────
○ ────────────────────────
○ ────────────────────────
○ ────────────────────────
○ ────────────────────────
○ ────────────────────────
○ ────────────────────────
○ ────────────────────────
○ ────────────────────────

Date: _____

Mo Tu We Th Fr Sa Su
◯   ◯   ◯   ◯   ◯   ◯   ◯

Top Priorities

◯ _____
◯ _____
◯ _____

Things To Do

◯ _____
◯ _____
◯ _____
◯ _____
◯ _____
◯ _____
◯ _____
◯ _____
◯ _____
◯ _____
◯ _____
◯ _____
◯ _____
◯ _____
◯ _____
◯ _____
◯ _____
◯ _____
◯ _____

Date: _____

Mo Tu We Th Fr Sa Su
○   ○   ○   ○   ○   ○   ○

Top Priorities

○ _____
○ _____
○ _____

Things To Do

○ _____
○ _____
○ _____
○ _____
○ _____
○ _____
○ _____
○ _____
○ _____
○ _____
○ _____
○ _____
○ _____
○ _____
○ _____
○ _____
○ _____
○ _____
○ _____

Date: _____

Mo　Tu　We　Th　Fr　Sa　Su
○　　○　　○　　○　　○　　○　　○

Top Priorities

○ _____
○ _____
○ _____

Things To Do

○ _____
○ _____
○ _____
○ _____
○ _____
○ _____
○ _____
○ _____
○ _____
○ _____
○ _____
○ _____
○ _____
○ _____
○ _____
○ _____
○ _____
○ _____
○ _____

Date: _____

Mo Tu We Th Fr Sa Su
○   ○   ○   ○   ○   ○   ○

Top Priorities

○ _____
○ _____
○ _____

Things To Do

○ _____
○ _____
○ _____
○ _____
○ _____
○ _____
○ _____
○ _____
○ _____
○ _____
○ _____
○ _____
○ _____
○ _____
○ _____
○ _____
○ _____
○ _____
○ _____

Date: _____

Mo Tu We Th Fr Sa Su
◯   ◯   ◯   ◯   ◯   ◯   ◯

Top Priorities

◯ _____
◯ _____
◯ _____

Things To Do

◯ _____
◯ _____
◯ _____
◯ _____
◯ _____
◯ _____
◯ _____
◯ _____
◯ _____
◯ _____
◯ _____
◯ _____
◯ _____
◯ _____
◯ _____
◯ _____
◯ _____
◯ _____
◯ _____

Date: _____

Mo Tu We Th Fr Sa Su
○   ○   ○   ○   ○   ○   ○

Top Priorities

○ _____
○ _____
○ _____

Things To Do

○ _____
○ _____
○ _____
○ _____
○ _____
○ _____
○ _____
○ _____
○ _____
○ _____
○ _____
○ _____
○ _____
○ _____
○ _____
○ _____
○ _____
○ _____
○ _____

Date : _____

Mo Tu We Th Fr Sa Su
○   ○   ○   ○   ○   ○   ○

Top Priorities

○ _____
○ _____
○ _____

Things To Do

○ _____
○ _____
○ _____
○ _____
○ _____
○ _____
○ _____
○ _____
○ _____
○ _____
○ _____
○ _____
○ _____
○ _____
○ _____
○ _____
○ _____
○ _____
○ _____

Date: _____

Mo Tu We Th Fr Sa Su
○   ○   ○   ○   ○   ○   ○

Top Priorities

○ _____
○ _____
○ _____

Things To Do

○ _____
○ _____
○ _____
○ _____
○ _____
○ _____
○ _____
○ _____
○ _____
○ _____
○ _____
○ _____
○ _____
○ _____
○ _____
○ _____
○ _____
○ _____
○ _____

Date: _____

Mo Tu We Th Fr Sa Su
○   ○   ○   ○   ○   ○   ○

Top Priorities

- ○ _____
- ○ _____
- ○ _____

Things To Do

- ○ _____
- ○ _____
- ○ _____
- ○ _____
- ○ _____
- ○ _____
- ○ _____
- ○ _____
- ○ _____
- ○ _____
- ○ _____
- ○ _____
- ○ _____
- ○ _____
- ○ _____
- ○ _____
- ○ _____
- ○ _____
- ○ _____
- ○ _____

Date: _____

Mo Tu We Th Fr Sa Su
○   ○   ○   ○   ○   ○   ○

Top Priorities

- ○ _____
- ○ _____
- ○ _____

Things To Do

- ○ _____
- ○ _____
- ○ _____
- ○ _____
- ○ _____
- ○ _____
- ○ _____
- ○ _____
- ○ _____
- ○ _____
- ○ _____
- ○ _____
- ○ _____
- ○ _____
- ○ _____
- ○ _____
- ○ _____
- ○ _____
- ○ _____
- ○ _____

Date: _____

Mo Tu We Th Fr Sa Su
○   ○   ○   ○   ○   ○   ○

Top Priorities

- ○ _____
- ○ _____
- ○ _____

Things To Do

- ○ _____
- ○ _____
- ○ _____
- ○ _____
- ○ _____
- ○ _____
- ○ _____
- ○ _____
- ○ _____
- ○ _____
- ○ _____
- ○ _____
- ○ _____
- ○ _____
- ○ _____
- ○ _____
- ○ _____
- ○ _____
- ○ _____
- ○ _____

Date: _____

Mo Tu We Th Fr Sa Su
○   ○   ○   ○   ○   ○   ○

Top Priorities

○ _____
○ _____
○ _____

Things To Do

○ _____
○ _____
○ _____
○ _____
○ _____
○ _____
○ _____
○ _____
○ _____
○ _____
○ _____
○ _____
○ _____
○ _____
○ _____
○ _____
○ _____
○ _____
○ _____

Date: _____

Mo Tu We Th Fr Sa Su
○   ○   ○   ○   ○   ○   ○

Top Priorities

- ○ _____
- ○ _____
- ○ _____

Things To Do

- ○ _____
- ○ _____
- ○ _____
- ○ _____
- ○ _____
- ○ _____
- ○ _____
- ○ _____
- ○ _____
- ○ _____
- ○ _____
- ○ _____
- ○ _____
- ○ _____
- ○ _____
- ○ _____
- ○ _____
- ○ _____
- ○ _____

Date: _____

Mo Tu We Th Fr Sa Su
○   ○   ○   ○   ○   ○   ○

Top Priorities

○ _____
○ _____
○ _____

Things To Do

○ _____
○ _____
○ _____
○ _____
○ _____
○ _____
○ _____
○ _____
○ _____
○ _____
○ _____
○ _____
○ _____
○ _____
○ _____
○ _____
○ _____
○ _____
○ _____

Date: _____

Mo Tu We Th Fr Sa Su
○   ○   ○   ○   ○   ○   ○

Top Priorities

○ _____
○ _____
○ _____

Things To Do

○ _____
○ _____
○ _____
○ _____
○ _____
○ _____
○ _____
○ _____
○ _____
○ _____
○ _____
○ _____
○ _____
○ _____
○ _____
○ _____
○ _____
○ _____
○ _____

Date: _____

Mo Tu We Th Fr Sa Su
○   ○   ○   ○   ○   ○   ○

Top Priorities

○ _____
○ _____
○ _____

Things To Do

○ _____
○ _____
○ _____
○ _____
○ _____
○ _____
○ _____
○ _____
○ _____
○ _____
○ _____
○ _____
○ _____
○ _____
○ _____
○ _____
○ _____
○ _____
○ _____

Date: _____

Mo Tu We Th Fr Sa Su
○   ○   ○   ○   ○   ○   ○

Top Priorities

○ _____
○ _____
○ _____

Things To Do

○ _____
○ _____
○ _____
○ _____
○ _____
○ _____
○ _____
○ _____
○ _____
○ _____
○ _____
○ _____
○ _____
○ _____
○ _____
○ _____
○ _____
○ _____
○ _____

Date: _____

Top Priorities

Mo Tu We Th Fr Sa Su
○   ○   ○   ○   ○   ○   ○

- ○ _____
- ○ _____
- ○ _____

Things To Do

- ○ _____
- ○ _____
- ○ _____
- ○ _____
- ○ _____
- ○ _____
- ○ _____
- ○ _____
- ○ _____
- ○ _____
- ○ _____
- ○ _____
- ○ _____
- ○ _____
- ○ _____
- ○ _____
- ○ _____
- ○ _____
- ○ _____
- ○ _____

Date: _____

Mo Tu We Th Fr Sa Su
○   ○   ○   ○   ○   ○   ○

Top Priorities

○ _____
○ _____
○ _____

Things To Do

○ _____
○ _____
○ _____
○ _____
○ _____
○ _____
○ _____
○ _____
○ _____
○ _____
○ _____
○ _____
○ _____
○ _____
○ _____
○ _____
○ _____
○ _____
○ _____

Top Priorities

Date: _____

Mo Tu We Th Fr Sa Su
○   ○   ○   ○   ○   ○   ○

○ _____
○ _____
○ _____

Things To Do

○ _____
○ _____
○ _____
○ _____
○ _____
○ _____
○ _____
○ _____
○ _____
○ _____
○ _____
○ _____
○ _____
○ _____
○ _____
○ _____
○ _____
○ _____
○ _____
○ _____

Date: _____

Mo Tu We Th Fr Sa Su
○   ○   ○   ○   ○   ○   ○

Top Priorities

○ _____
○ _____
○ _____

Things To Do

○ _____
○ _____
○ _____
○ _____
○ _____
○ _____
○ _____
○ _____
○ _____
○ _____
○ _____
○ _____
○ _____
○ _____
○ _____
○ _____
○ _____
○ _____

Date: _____

Mo Tu We Th Fr Sa Su
○   ○   ○   ○   ○   ○   ○

Top Priorities

○ _____
○ _____
○ _____

Things To Do

○ _____
○ _____
○ _____
○ _____
○ _____
○ _____
○ _____
○ _____
○ _____
○ _____
○ _____
○ _____
○ _____
○ _____
○ _____
○ _____
○ _____
○ _____

Date: _____

Mo	Tu	We	Th	Fr	Sa	Su
○	○	○	○	○	○	○

Top Priorities

○ _____
○ _____
○ _____

Things To Do

○ _____
○ _____
○ _____
○ _____
○ _____
○ _____
○ _____
○ _____
○ _____
○ _____
○ _____
○ _____
○ _____
○ _____
○ _____
○ _____
○ _____
○ _____
○ _____

Date: _____

Mo Tu We Th Fr Sa Su
○   ○   ○   ○   ○   ○   ○

Top Priorities

- ○ _____
- ○ _____
- ○ _____

Things To Do

- ○ _____
- ○ _____
- ○ _____
- ○ _____
- ○ _____
- ○ _____
- ○ _____
- ○ _____
- ○ _____
- ○ _____
- ○ _____
- ○ _____
- ○ _____
- ○ _____
- ○ _____
- ○ _____
- ○ _____
- ○ _____
- ○ _____
- ○ _____

Top Priorities

Date: _____

Mo Tu We Th Fr Sa Su
◯   ◯   ◯   ◯   ◯   ◯   ◯

◯ _____
◯ _____
◯ _____

Things To Do

◯ _____
◯ _____
◯ _____
◯ _____
◯ _____
◯ _____
◯ _____
◯ _____
◯ _____
◯ _____
◯ _____
◯ _____
◯ _____
◯ _____
◯ _____
◯ _____
◯ _____
◯ _____
◯ _____

Top Priorities

Date: _____

Mo Tu We Th Fr Sa Su
◯   ◯   ◯   ◯   ◯   ◯   ◯

◯ _____
◯ _____
◯ _____

Things To Do

◯ _____
◯ _____
◯ _____
◯ _____
◯ _____
◯ _____
◯ _____
◯ _____
◯ _____
◯ _____
◯ _____
◯ _____
◯ _____
◯ _____
◯ _____
◯ _____
◯ _____
◯ _____
◯ _____

Date: ───────────

Mo Tu We Th Fr Sa Su
◯   ◯   ◯   ◯   ◯   ◯   ◯

Top Priorities

◯ _____
◯ _____
◯ _____

Things To Do

◯ _____
◯ _____
◯ _____
◯ _____
◯ _____
◯ _____
◯ _____
◯ _____
◯ _____
◯ _____
◯ _____
◯ _____
◯ _____
◯ _____
◯ _____
◯ _____
◯ _____
◯ _____

Date: _____

Mo Tu We Th Fr Sa Su
○   ○   ○   ○   ○   ○   ○

Top Priorities

○ _____
○ _____
○ _____

Things To Do

○ _____
○ _____
○ _____
○ _____
○ _____
○ _____
○ _____
○ _____
○ _____
○ _____
○ _____
○ _____
○ _____
○ _____
○ _____
○ _____
○ _____
○ _____
○ _____

Top Priorities

Date: _____

Mo Tu We Th Fr Sa Su
○   ○   ○   ○   ○   ○   ○

○ _____
○ _____
○ _____

Things To Do

○ _____
○ _____
○ _____
○ _____
○ _____
○ _____
○ _____
○ _____
○ _____
○ _____
○ _____
○ _____
○ _____
○ _____
○ _____
○ _____
○ _____
○ _____
○ _____
○ _____

Date: _____

Mo Tu We Th Fr Sa Su
○   ○   ○   ○   ○   ○   ○

Top Priorities

○ _____
○ _____
○ _____

Things To Do

○ _____
○ _____
○ _____
○ _____
○ _____
○ _____
○ _____
○ _____
○ _____
○ _____
○ _____
○ _____
○ _____
○ _____
○ _____
○ _____
○ _____
○ _____
○ _____
○ _____

Date : _____

Mo Tu We Th Fr Sa Su
○   ○   ○   ○   ○   ○   ○

Top Priorities

○ _____
○ _____
○ _____

Things To Do

○ _____
○ _____
○ _____
○ _____
○ _____
○ _____
○ _____
○ _____
○ _____
○ _____
○ _____
○ _____
○ _____
○ _____
○ _____
○ _____
○ _____
○ _____

Date: _____

Mo Tu We Th Fr Sa Su
◯   ◯   ◯   ◯   ◯ ◯   ◯

Top Priorities

◯ _____
◯ _____
◯ _____

Things To Do

◯ _____
◯ _____
◯ _____
◯ _____
◯ _____
◯ _____
◯ _____
◯ _____
◯ _____
◯ _____
◯ _____
◯ _____
◯ _____
◯ _____
◯ _____
◯ _____
◯ _____
◯ _____
◯ _____
◯ _____

Date: _____

Mo Tu We Th Fr Sa Su
◯   ◯   ◯   ◯   ◯   ◯   ◯

Top Priorities

◯ _____
◯ _____
◯ _____

Things To Do

◯ _____
◯ _____
◯ _____
◯ _____
◯ _____
◯ _____
◯ _____
◯ _____
◯ _____
◯ _____
◯ _____
◯ _____
◯ _____
◯ _____
◯ _____
◯ _____
◯ _____
◯ _____
◯ _____

Date: _____

Mo Tu We Th Fr Sa Su
○   ○   ○   ○   ○   ○   ○

Top Priorities

- ○ _____
- ○ _____
- ○ _____

Things To Do

- ○ _____
- ○ _____
- ○ _____
- ○ _____
- ○ _____
- ○ _____
- ○ _____
- ○ _____
- ○ _____
- ○ _____
- ○ _____
- ○ _____
- ○ _____
- ○ _____
- ○ _____
- ○ _____
- ○ _____
- ○ _____
- ○ _____

Date: _____

Mo Tu We Th Fr Sa Su
○   ○   ○   ○   ○   ○   ○

Top Priorities

○ _____
○ _____
○ _____

Things To Do

○ _____
○ _____
○ _____
○ _____
○ _____
○ _____
○ _____
○ _____
○ _____
○ _____
○ _____
○ _____
○ _____
○ _____
○ _____
○ _____
○ _____
○ _____
○ _____
○ _____

Date: _____

Mo Tu We Th Fr Sa Su
○   ○   ○   ○   ○   ○   ○

Top Priorities

- ○ _____
- ○ _____
- ○ _____

Things To Do

- ○ _____
- ○ _____
- ○ _____
- ○ _____
- ○ _____
- ○ _____
- ○ _____
- ○ _____
- ○ _____
- ○ _____
- ○ _____
- ○ _____
- ○ _____
- ○ _____
- ○ _____
- ○ _____
- ○ _____
- ○ _____
- ○ _____

Date: _____

Mo Tu We Th Fr Sa Su
○   ○   ○   ○   ○   ○   ○

Top Priorities

○ _____
○ _____
○ _____

Things To Do

○ _____
○ _____
○ _____
○ _____
○ _____
○ _____
○ _____
○ _____
○ _____
○ _____
○ _____
○ _____
○ _____
○ _____
○ _____
○ _____
○ _____
○ _____
○ _____

Date: ⎯⎯⎯⎯⎯⎯⎯⎯

Mo Tu We Th Fr Sa Su
○   ○   ○   ○   ○   ○   ○

Top Priorities

○ ⎯⎯⎯⎯⎯⎯⎯⎯⎯⎯⎯⎯⎯⎯⎯⎯⎯⎯⎯⎯⎯⎯⎯⎯⎯⎯⎯⎯⎯⎯⎯⎯⎯⎯⎯
○ ⎯⎯⎯⎯⎯⎯⎯⎯⎯⎯⎯⎯⎯⎯⎯⎯⎯⎯⎯⎯⎯⎯⎯⎯⎯⎯⎯⎯⎯⎯⎯⎯⎯⎯⎯
○ ⎯⎯⎯⎯⎯⎯⎯⎯⎯⎯⎯⎯⎯⎯⎯⎯⎯⎯⎯⎯⎯⎯⎯⎯⎯⎯⎯⎯⎯⎯⎯⎯⎯⎯⎯

Things To Do

○ ⎯⎯⎯⎯⎯⎯⎯⎯⎯⎯⎯⎯⎯⎯⎯⎯⎯⎯⎯⎯⎯⎯⎯⎯⎯⎯⎯⎯⎯⎯⎯⎯⎯⎯⎯
○ ⎯⎯⎯⎯⎯⎯⎯⎯⎯⎯⎯⎯⎯⎯⎯⎯⎯⎯⎯⎯⎯⎯⎯⎯⎯⎯⎯⎯⎯⎯⎯⎯⎯⎯⎯
○ ⎯⎯⎯⎯⎯⎯⎯⎯⎯⎯⎯⎯⎯⎯⎯⎯⎯⎯⎯⎯⎯⎯⎯⎯⎯⎯⎯⎯⎯⎯⎯⎯⎯⎯⎯
○ ⎯⎯⎯⎯⎯⎯⎯⎯⎯⎯⎯⎯⎯⎯⎯⎯⎯⎯⎯⎯⎯⎯⎯⎯⎯⎯⎯⎯⎯⎯⎯⎯⎯⎯⎯
○ ⎯⎯⎯⎯⎯⎯⎯⎯⎯⎯⎯⎯⎯⎯⎯⎯⎯⎯⎯⎯⎯⎯⎯⎯⎯⎯⎯⎯⎯⎯⎯⎯⎯⎯⎯
○ ⎯⎯⎯⎯⎯⎯⎯⎯⎯⎯⎯⎯⎯⎯⎯⎯⎯⎯⎯⎯⎯⎯⎯⎯⎯⎯⎯⎯⎯⎯⎯⎯⎯⎯⎯
○ ⎯⎯⎯⎯⎯⎯⎯⎯⎯⎯⎯⎯⎯⎯⎯⎯⎯⎯⎯⎯⎯⎯⎯⎯⎯⎯⎯⎯⎯⎯⎯⎯⎯⎯⎯
○ ⎯⎯⎯⎯⎯⎯⎯⎯⎯⎯⎯⎯⎯⎯⎯⎯⎯⎯⎯⎯⎯⎯⎯⎯⎯⎯⎯⎯⎯⎯⎯⎯⎯⎯⎯
○ ⎯⎯⎯⎯⎯⎯⎯⎯⎯⎯⎯⎯⎯⎯⎯⎯⎯⎯⎯⎯⎯⎯⎯⎯⎯⎯⎯⎯⎯⎯⎯⎯⎯⎯⎯
○ ⎯⎯⎯⎯⎯⎯⎯⎯⎯⎯⎯⎯⎯⎯⎯⎯⎯⎯⎯⎯⎯⎯⎯⎯⎯⎯⎯⎯⎯⎯⎯⎯⎯⎯⎯
○ ⎯⎯⎯⎯⎯⎯⎯⎯⎯⎯⎯⎯⎯⎯⎯⎯⎯⎯⎯⎯⎯⎯⎯⎯⎯⎯⎯⎯⎯⎯⎯⎯⎯⎯⎯
○ ⎯⎯⎯⎯⎯⎯⎯⎯⎯⎯⎯⎯⎯⎯⎯⎯⎯⎯⎯⎯⎯⎯⎯⎯⎯⎯⎯⎯⎯⎯⎯⎯⎯⎯⎯
○ ⎯⎯⎯⎯⎯⎯⎯⎯⎯⎯⎯⎯⎯⎯⎯⎯⎯⎯⎯⎯⎯⎯⎯⎯⎯⎯⎯⎯⎯⎯⎯⎯⎯⎯⎯
○ ⎯⎯⎯⎯⎯⎯⎯⎯⎯⎯⎯⎯⎯⎯⎯⎯⎯⎯⎯⎯⎯⎯⎯⎯⎯⎯⎯⎯⎯⎯⎯⎯⎯⎯⎯
○ ⎯⎯⎯⎯⎯⎯⎯⎯⎯⎯⎯⎯⎯⎯⎯⎯⎯⎯⎯⎯⎯⎯⎯⎯⎯⎯⎯⎯⎯⎯⎯⎯⎯⎯⎯
○ ⎯⎯⎯⎯⎯⎯⎯⎯⎯⎯⎯⎯⎯⎯⎯⎯⎯⎯⎯⎯⎯⎯⎯⎯⎯⎯⎯⎯⎯⎯⎯⎯⎯⎯⎯
○ ⎯⎯⎯⎯⎯⎯⎯⎯⎯⎯⎯⎯⎯⎯⎯⎯⎯⎯⎯⎯⎯⎯⎯⎯⎯⎯⎯⎯⎯⎯⎯⎯⎯⎯⎯
○ ⎯⎯⎯⎯⎯⎯⎯⎯⎯⎯⎯⎯⎯⎯⎯⎯⎯⎯⎯⎯⎯⎯⎯⎯⎯⎯⎯⎯⎯⎯⎯⎯⎯⎯⎯
○ ⎯⎯⎯⎯⎯⎯⎯⎯⎯⎯⎯⎯⎯⎯⎯⎯⎯⎯⎯⎯⎯⎯⎯⎯⎯⎯⎯⎯⎯⎯⎯⎯⎯⎯⎯

Date: _____

Mo Tu We Th Fr Sa Su
○   ○   ○   ○   ○   ○   ○

Top Priorities

○ _____
○ _____
○ _____

Things To Do

○ _____
○ _____
○ _____
○ _____
○ _____
○ _____
○ _____
○ _____
○ _____
○ _____
○ _____
○ _____
○ _____
○ _____
○ _____
○ _____
○ _____
○ _____
○ _____

Date: _____

Mo Tu We Th Fr Sa Su
○   ○   ○   ○   ○   ○   ○

Top Priorities

- ○ _____
- ○ _____
- ○ _____

Things To Do

- ○ _____
- ○ _____
- ○ _____
- ○ _____
- ○ _____
- ○ _____
- ○ _____
- ○ _____
- ○ _____
- ○ _____
- ○ _____
- ○ _____
- ○ _____
- ○ _____
- ○ _____
- ○ _____
- ○ _____
- ○ _____
- ○ _____
- ○ _____

Top Priorities

Date: _____

Mo Tu We Th Fr Sa Su
○   ○   ○   ○   ○   ○   ○

○ _____
○ _____
○ _____

Things To Do

○ _____
○ _____
○ _____
○ _____
○ _____
○ _____
○ _____
○ _____
○ _____
○ _____
○ _____
○ _____
○ _____
○ _____
○ _____
○ _____
○ _____
○ _____
○ _____
○ _____

Date: _____

Mo　Tu　We　Th　Fr　Sa　Su
○　○　○　○　○　○　○

Top Priorities

- ○ _____
- ○ _____
- ○ _____

Things To Do

- ○ _____
- ○ _____
- ○ _____
- ○ _____
- ○ _____
- ○ _____
- ○ _____
- ○ _____
- ○ _____
- ○ _____
- ○ _____
- ○ _____
- ○ _____
- ○ _____
- ○ _____
- ○ _____
- ○ _____
- ○ _____
- ○ _____
- ○ _____

Date : _____

Mo Tu We Th Fr Sa Su
○   ○   ○   ○   ○   ○   ○

Top Priorities

○ _____
○ _____
○ _____

Things To Do

○ _____
○ _____
○ _____
○ _____
○ _____
○ _____
○ _____
○ _____
○ _____
○ _____
○ _____
○ _____
○ _____
○ _____
○ _____
○ _____
○ _____
○ _____

Date: _____

Mo Tu We Th Fr Sa Su
○   ○   ○   ○   ○   ○   ○

Top Priorities

- ○ _____
- ○ _____
- ○ _____

Things To Do

- ○ _____
- ○ _____
- ○ _____
- ○ _____
- ○ _____
- ○ _____
- ○ _____
- ○ _____
- ○ _____
- ○ _____
- ○ _____
- ○ _____
- ○ _____
- ○ _____
- ○ _____
- ○ _____
- ○ _____
- ○ _____
- ○ _____
- ○ _____

Date: _____

Mo Tu We Th Fr Sa Su
○   ○   ○   ○   ○   ○   ○

Top Priorities

- ○ _____
- ○ _____
- ○ _____

Things To Do

- ○ _____
- ○ _____
- ○ _____
- ○ _____
- ○ _____
- ○ _____
- ○ _____
- ○ _____
- ○ _____
- ○ _____
- ○ _____
- ○ _____
- ○ _____
- ○ _____
- ○ _____
- ○ _____
- ○ _____
- ○ _____
- ○ _____

Date: _____

Mo Tu We Th Fr Sa Su
○   ○   ○   ○   ○   ○   ○

Top Priorities

○ _____
○ _____
○ _____

Things To Do

○ _____
○ _____
○ _____
○ _____
○ _____
○ _____
○ _____
○ _____
○ _____
○ _____
○ _____
○ _____
○ _____
○ _____
○ _____
○ _____
○ _____
○ _____
○ _____

Date: _____

Mo Tu We Th Fr Sa Su
○   ○   ○   ○   ○   ○   ○

Top Priorities

○ _____
○ _____
○ _____

Things To Do

○ _____
○ _____
○ _____
○ _____
○ _____
○ _____
○ _____
○ _____
○ _____
○ _____
○ _____
○ _____
○ _____
○ _____
○ _____
○ _____
○ _____
○ _____
○ _____

Date: _____

Mo	Tu	We	Th	Fr	Sa	Su
○	○	○	○	○	○	○

Top Priorities

- ○ _____
- ○ _____
- ○ _____

Things To Do

- ○ _____
- ○ _____
- ○ _____
- ○ _____
- ○ _____
- ○ _____
- ○ _____
- ○ _____
- ○ _____
- ○ _____
- ○ _____
- ○ _____
- ○ _____
- ○ _____
- ○ _____
- ○ _____
- ○ _____
- ○ _____
- ○ _____
- ○ _____

Top Priorities

Date: _____

| Mo | Tu | We | Th | Fr | Sa | Su |
| ○ | ○ | ○ | ○ | ○ | ○ | ○ |

○ _____
○ _____
○ _____

Things To Do

○ _____
○ _____
○ _____
○ _____
○ _____
○ _____
○ _____
○ _____
○ _____
○ _____
○ _____
○ _____
○ _____
○ _____
○ _____
○ _____
○ _____
○ _____
○ _____
○ _____

Date: _____

Mo Tu We Th Fr Sa Su
○   ○   ○   ○   ○   ○   ○

Top Priorities

- ○ _____
- ○ _____
- ○ _____

Things To Do

- ○ _____
- ○ _____
- ○ _____
- ○ _____
- ○ _____
- ○ _____
- ○ _____
- ○ _____
- ○ _____
- ○ _____
- ○ _____
- ○ _____
- ○ _____
- ○ _____
- ○ _____
- ○ _____
- ○ _____
- ○ _____
- ○ _____
- ○ _____

Date: _____

Mo Tu We Th Fr Sa Su
○   ○   ○   ○   ○   ○   ○

Top Priorities

○ _____
○ _____
○ _____

Things To Do

○ _____
○ _____
○ _____
○ _____
○ _____
○ _____
○ _____
○ _____
○ _____
○ _____
○ _____
○ _____
○ _____
○ _____
○ _____
○ _____
○ _____
○ _____
○ _____

Date: _____

Mo Tu We Th Fr Sa Su
○   ○   ○   ○   ○   ○   ○

Top Priorities

- ○ _____
- ○ _____
- ○ _____

Things To Do

- ○ _____
- ○ _____
- ○ _____
- ○ _____
- ○ _____
- ○ _____
- ○ _____
- ○ _____
- ○ _____
- ○ _____
- ○ _____
- ○ _____
- ○ _____
- ○ _____
- ○ _____
- ○ _____
- ○ _____
- ○ _____
- ○ _____
- ○ _____

Date: _____

Mo Tu We Th Fr Sa Su
○   ○   ○   ○   ○   ○   ○

Top Priorities

- ○ _____
- ○ _____
- ○ _____

Things To Do

- ○ _____
- ○ _____
- ○ _____
- ○ _____
- ○ _____
- ○ _____
- ○ _____
- ○ _____
- ○ _____
- ○ _____
- ○ _____
- ○ _____
- ○ _____
- ○ _____
- ○ _____
- ○ _____
- ○ _____
- ○ _____
- ○ _____

Date: _____

Mo Tu We Th Fr Sa Su
○   ○   ○   ○   ○   ○   ○

Top Priorities

○ _____
○ _____
○ _____

Things To Do

○ _____
○ _____
○ _____
○ _____
○ _____
○ _____
○ _____
○ _____
○ _____
○ _____
○ _____
○ _____
○ _____
○ _____
○ _____
○ _____
○ _____
○ _____
○ _____

Date: _____

Mo Tu We Th Fr Sa Su
○   ○   ○   ○   ○   ○   ○

Top Priorities

○ _____
○ _____
○ _____

Things To Do

○ _____
○ _____
○ _____
○ _____
○ _____
○ _____
○ _____
○ _____
○ _____
○ _____
○ _____
○ _____
○ _____
○ _____
○ _____
○ _____
○ _____
○ _____